Bouddhisme Quantique

Mahajrya Bodhana Sutra

Enseignements pour s'éveiller

au Grand Champ

ISBN: 978-0-9810613-6-8

www.QuantumBuddhism.org

Publié par F.Lepine Publishing

www.Flepine.com

Table des matières

Introduction

Il n'y à pas si longtemps (et peut-être en est-il encore ainsi dans certaines parties du monde), l'autorité religieuse, politique et scientifique était détenue par les mêmes personnes. Leur objectif était simple : détenir la vérité. Les leaders spirituels décidaient d'à peu près tout. C'était l'époque où des génies, ayant des idées nouvelles, étaient brûlés sur le bûcher. La peur de perdre le contrôle était bien vivante dans l'esprit des leaders, et ils faisaient tout en leur pouvoir pour empêcher la population de réfléchir par elle-même. Leur but était de promouvoir un système de croyances afin d'encourager les gens à se comporter de façon homogène, au moyen de ce que je me plaît à appeler le « marketing armé ». Cet objectif fondamental semblait une bonne idée à l'époque, puisqu'il est important de conserver une bonne structure sociale. Le problème fit surface lorsque le sentiment de liberté individuelle était réprimé au profit d'une poignée de meneurs au lieu du mieux-être de tout le groupe.

La science et la religion en sont venues à s'opposer en ce qui concerne la conscience depuis que Descartes fit une distinction entre la matière et l'esprit. Depuis ce temps, deux approches non-dualistes du monde ont été développées. La première se base sur le matérialisme scientifique voulant que la matière produit l'esprit suite à une série de réactions mécaniques dans le système hormonal et nerveux, comme le cerveau. La seconde implique un idéalisme à l'effet que l'esprit produit la matière.

Les bouddhistes (ainsi que les monistes neutres de la philosophie occidentale) croient que l'esprit et la matière découlent tous deux d'une entité commune plus profonde. Au cours des dernières décennies, il est devenu évident que la physique et la gravité quantique peuvent fournir une explication scientifique plausible à l'approche bouddhiste (et moniste neutre). Dans le bouddhisme, l'entité monistique la plus évoluée est la connaissance pure de la conscience suprême unifiée, qui peut donner naissance à la matière et/ou à l'esprit. En termes scientifiques, nous parlons de géométrie quantique à son niveau le plus petit de l'univers (échelle de Planck), appelé le champ quantique unifié. La connaissance cosmique de la conscience suprême unifiée imprègne l'univers, impliquant, informant et interconnectant toute chose, incluant les être vivants ou non. Il s'agit de toute chose, et est partout. Pourtant, ce n'est là que l'unique perception que nous puissions avoir en tant qu'humain. Du point de vue de la conscience suprême, tout est au même endroit, au même moment.

La connaissance universelle peut être vue en tant qu'information quantique très petite teintant l'univers de façon non-localisée et holographique, se répétant partout, en tout temps et à différents niveaux. Nous verrons comment nous pouvons nous exercer à nous détacher de la perception humaine limitée du temps et de l'espace, et nous entraîner à percevoir la sagesse supérieure, qui est plus raffinée que l'information intellectuelle habituelle.

Dans le bouddhisme, l'auto-conscience d'un individu, la conscience de soi, est une série de remous dans la mare universelle de la conscience suprême unifiée, interagissant avec le corps biologique, le système nerveux, et ainsi, les sens. En science, la conscience de soi est une série de vagues, de remous dans la géométrie quantique se situant entre le monde quantique des multiples possibilités coexistantes, et le monde classique d'états définis, le tout se produisant dans le cerveau. Il est néanmoins possible de devenir conscient de cette interaction entre les vastes possibilités et le monde que nous croyons défini et fixe.

Samadhi est un mot Sanskrit qui décrit la conscience dans laquelle les informations sensorielles, la mémoire et l'identité se dissout, alors que la conscience de la personne devient complètement UN avec la conscience suprème unifiée. Le Samadhi se produit pendant la méditation profonde. Scientifiquement, dans un état de conscience altéré, les activités quantiques du cerveau peuvent êtres connectés plus directement avec la géométrie quantique universelle et son information collective.

Le Bouddhisme Quantique vise à fournir les outils afin de développer une approche scientifique-spirituelle du monde, libre de tout fardeau culturel, traditionnel ou dogmatique, où le développement de soi prévaut afin de devenir un instrument scientifique conscient. Au fil de la lecture de ce livre, vous découvrirez une base théorique solide de l'application de cette technique sur le fait de transcender les sens humains afin de percevoir le monde spirituel.

Ces techniques sont les premiers pas afin de parvenir à une compréhension du monde dépassant l'interprétation de l'intellect humain, existant au-delà du corps biologique.

Esprit, mental, matière et temps sont la même chose du point de vue de la Conscience Suprême. Chaque possibilité existe. Chaque option est disponible. Pourtant, du point de vue de l'humain, seul le résultat de l'équation est perçu. Avec de la pratique, vous pourrez devenir le mathématicien plutôt que le simple résultat d'une formule. En fait, vous vous souviendrez que vous avez toujours été le créateur de votre propre expérience ou de votre propre vie, mais que vous n'êtes éveillé qu'au point où vous percevez le résultat final de l'expérience.

Dans cette nouvelle ère de liberté scientifique et spirituelle, nous pouvons commencer à répondre aux questions légendaires telles : Qu'est-ce que la vie ? Pourquoi la vie est-elle ? Pourquoi existons-nous ? Qu'est-ce qui existe, exactement? Les réponses à toutes ces questions sont disponibles au niveau de la conscience qui surpasse la capacité du cerveau humain à élaborer et déduire les réponses par lui-même. Ainsi, les mots ne suffisent pas pour l'expliquer. Pour découvrir les réponses, il faut s'efforcer de découvrir la vérité en expérimentant la Conscience Suprême au moyen de pratiques méditatives et d'élever sa conscience au niveau spirituel. À partir de ce nouveau point de vue, tout devient parfaitement clair.

Éveil de la physique quantique

Bien que n'étant pas l'objectif de ce livre d'introduire le lecteur à la physique quantique, nous vous offrons ici un bref survol, soulignant principalement les phénomènes spécifiques qui nous intéressent. La physique quantique est un champ d'étude très vaste et nous vous encourageons d'approfondir vos recherches si vous souhaitez en apprendre d'avantage que ce que ce livre peut vous offrir. Ainsi, cette introduction semblera extrêmement brève pour le puriste. Ici, nous nous intéresserons particulièrement au fait que la science ai découvert qu'il existe probablement quelque chose qui puisse être la conscience.

La physique quantique est la science qui étudie les particules. Quantum est un mot latin qui signifie « combien » ou « quelle quantité ». Dans la quête pour identifier et comprendre les plus petites particules, plus petites encore que les atomes, la recherche scientifique à mis à jour certains phénomènes merveilleux qui ne semblent se produire qu'à l'échelle quantique. Les particules, comme les électrons, les protons, les neutrons ainsi que plusieurs autres, se comportent différemment selon qu'on les observe ou non.

Il fut une époque, dans la physique mécanique traditionnelle, que les sujets impliqués dans une expérience étaient: 1- l'expérience,

2- l'instrument de mesure. Cependant, dans la recherche quantique, on découvre que les résultats d'une expérience changeaient selon la manière dont les chercheurs menant l'expérience étaient impliqués dans l'expérience, ainsi que leur degré d'interaction avec elle.

Pour résumer, nous élaborerons sur une expérience qui utilisa un canon à particules subatomiques ainsi que des écrans capteurs. L'objectif ici est de vous démontrer l'idée de base, non pas de faire d'un néophyte un savant scientifique.

L'expérience porte le nom d'expérience de la double fissure. Un canon à particules subatomiques fut utilisé en laboratoire pour projeter des électrons sur un écran capteur, après avoir traversé un filtre comportant deux fissures minuscules. Alors que nous pouvions nous attendre à ce que les électrons forment deux lignes sur l'écran capteur, ce qui fut observé ne peut s'expliquer que par le fait que les particules subatomiques se comportent en fait comme des ondulations, ou des vagues.

Résultat attendu

Résultat observé (ondulations)

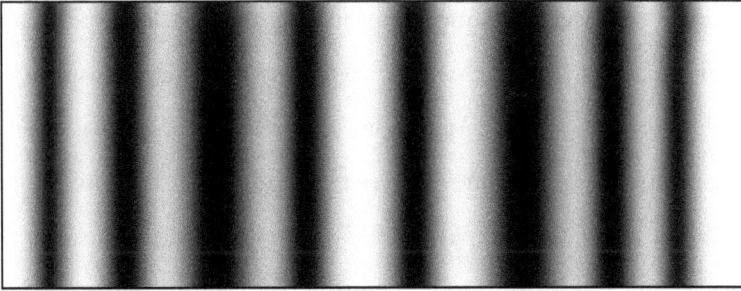

Donc, pour comprendre le phénomène, nous devons utiliser des instruments de mesure pour percevoir ce qui se produit lorsque les électrons passent à travers les fissures. À ce moment, lorsque les chercheurs utilisèrent des instruments de mesure pour observer les électrons, ces derniers cessèrent de se comporter comme des ondulations et commençaient à se comporter comme des particules.

Resultat pendant l'observation

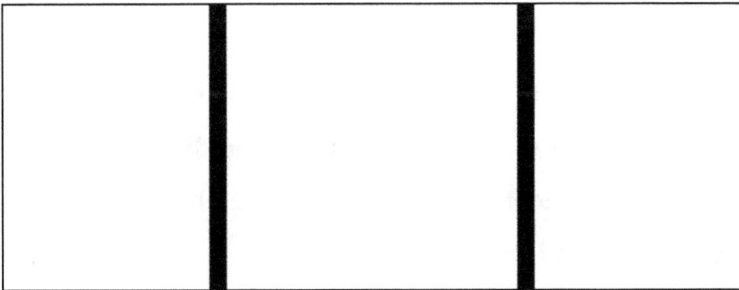

Ainsi, après plusieurs tentatives afin d'éliminer toute autre possibilité, il fut déduit que l'observateur avait une influence sur l'expérience, qu'en fait il en faisait partie. Lorsque nous observons une particule, lorsque nous portons notre attention sur elle, elle devient une de ses propres possibilités, adoptant une position et une forme fixe, mais lorsque rien n'interagit avec elle, la particule devient toute ses possibilités à la fois, dans toutes ses position et toutes ses formes. Alors que nous considérions autrefois deux sujets impliqués dans une expérience, nous en reconnaissons maintenant trois : 1- L'expérience, 2- L'instrument de mesure, 3- L'observateur.

Donc, la conscience, ou à tout le moins une attention dirigée vers quelque chose, interagit avec cette chose au niveau subatomique. Ce nouveau concept scientifique à ouvert la porte à de nouvelles questions concernant la conscience et son existence.

Si la conscience peut altérer la façon dont la matière se comporte, il est évident qu'il peut en être de même avec le mental, et possiblement l'esprit.

Le Dr. John Hagelin fit des expériences sur la réduction du niveau de crime en différents endroits, n'utilisant que des processus de pensées en état de méditation profonde. Un groupe important de gens a été rassemblé dans un endroit où le niveau de crime était élevé, ou en zone de guerre, et alors que tous étaient en méditation profonde, le niveau de crime ou de morts diminua considérablement. Cette expérience fut répétée plus de 50 fois, avec succès, au moment ou le livre que vous tenez entre vos mains fut écrit.

Considérant ce qui à été découvert jusqu'à présent, il est évident que nous avons la possibilité d'influencer le cours des choses et ce jusqu'au comportement des particules subatomiques. Voici donc la nature du Champ Quantique Unifié, ou la Conscience Suprême.

Le Champ Quantique Unifié

Au niveau le plus petit qu'il soit possible d'observer, il semble qu'il n'existe plus de particules. Tout semble s'unifier dans un seul et même champ de... « matière »... continue... ainsi que de la « non-matière ». Le Champ Quantique Unifié se trouve là où tout se passe, là où tout commence à exister. Entre les atomes, alors que nous croyons qu'il n'y a que du vide, se trouve au contraire un champ énergétique continue, au plus haut niveau de vibration possible. Pourtant, cela ressemble également à un espace vide.

Visualisez le Champ Quantique Unifié sur un seul plan, avec une ondulation qui en modifie la forme.

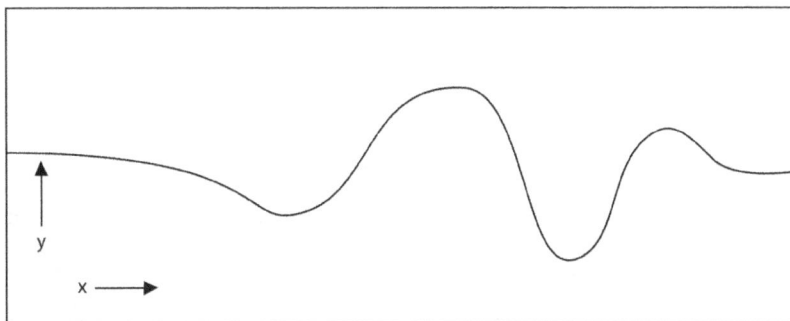

Si vous pouviez imaginer que cette altération soit possible non seulement en deux dimensions, mais également en un volume de trois dimension. Sur le diagramme suivant, imaginez que les parties les plus large de la courbe sont plus près de vous et que la partie plus mince se trouve plus loin de vous. Nous avons ajouté une ombre pour vous aider à visualiser la courbe en trois dimension.

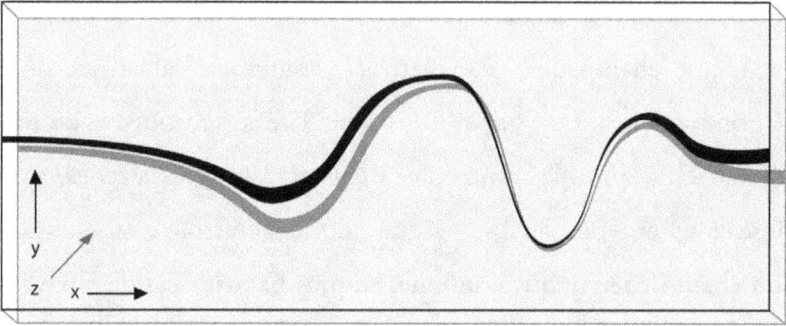

En théorie, chacune de ces ondulation offrent un certain nombre de possibilités de résultats, mais le résultat final et la forme de l'équation ne sera défini que lorsque l'ondulation se « figera » pour présenter un des résultats possible.

En utilisant la fonction plane et cubique ci-dessus, essayez d'imaginer comment l'ondulation en deux dimensions planes peut devenir une ondulation cubique en trois dimensions, en condensant, jusqu'à ce qu'elle existe, une nouvelle dimension. Si vous pouvez isoler ce concept, alors vous pourrez peut-être saisir le concept philosophique de concrétiser plusieurs autres dimensions interagissant continuellement entre-elles, avec des ondulations faites d'un nombre infini de variables, offrant une quantité infinie de formes et de résultats potentiels.

La principale expérience du Champ Quantique Unifié est l'expérience de la vie elle-même. Nous existons dans le champ quantique. Nous vivons littéralement dans ce champ continue multi-dimentionel de possibilités. Plus encore, nous provenons de ce champ, nous en sommes faits. Tout ce que nous faisons, ainsi que tout ce que nous sommes, est le résultat de la consolidation des ondulations quantiques se produisant dans le champ quantique. Le champ quantique est absolument toute chose.

Le Champ Quantique Unifié est à la science ce que la Conscience Suprême est à la spiritualité. Chaque ondulation du champ quantique multi-dimentionel est une pensée de la plus haute nature dans la Conscience Suprême. Chacune de ses pensées suprême comprend la totalité de l'expérience de la vie. Chaque paramètre de la pensée humaine, un signal dans le système nerveux, une action, une interaction, une sensation et la conscience de l'expérience est une seule équation résumé en tant qu'ondulation quantique contenu elle-même dans tous ces paramètres.

Les actions et déplacements du corps font partie d'une seule et unique ondulation quantique trouvant une réponse en se «figeant» en un résultat final possible. Cela est analogue à dire que le corps, le fait de respirer, la pensée de la respiration et l'air qui est respiré n'est en fait qu'une seule et même chose, modulée par une expérience de vie complète, se produisant tel une seule et même pensée de la Conscience Suprême.

Lorsque nous observons la vie à partir du point de vue de l'expérience humaine, filtré par nos sens, nous voyons tout comme étant classifié, compartimenté et départagé. Pourtant, du point de vue de l'esprit, au-delà de l'indentification humaine de nos sens, tout semble être unifié et continue.

Il est également possible d'observer cette unification, au moyen d'outils scientifiques et de déductions, lorsque nous regardons les plus petites manifestations de la matière. Pourtant, observer ainsi un micro-univers n'altère pas notre perception humaine de la vie, parce nous portons notre attention vers l'extérieur. Afin d'altérer notre perception humaine de la vie, ou même d'altérer nos sens et notre capacité d'observer l'unité directement avec notre mental, nous devons nous impliquer nous-mêmes dans l'éveil de notre conscience à des niveaux de pensées plus évolués, jusqu'à ce que nous devenions conscient du Champ Quantique Unifié, la Conscience Suprême.

De ce point de vue supérieur, non seulement altérons-nous notre perception du monde, mais nous devenons également conscient que nous sommes l'observateur de la vie. Avant d'éveiller notre conscience supérieure, la perception se résume à une série de signaux se produisant dans notre système nerveux, interprété par le cerveau, supportant le concept de séparation et de classification du monde extérieur. Pourtant, lorsque notre conscience supérieure est éveillée, ces signaux se produisent toujours dans notre système nerveux et notre cerveau, cependant, ils ne sont plus interprétés par notre registre humain des expériences passées. Lorsque nous éveillons notre Conscience Suprême, l'être que nous sommes réellement est aux commandes, et l'interprétation de la vie est transportée à partir de l'expérience humaine manifestée vers l'observateur non-manifesté, l'Esprit. L'information est ensuite rendue disponible à nouveau pour que l'expérience humaine puisse se poursuivre de manière éveillée.

Cette information est bien plus évoluée que la connaissance intellectuelle. Il s'agit de la sagesse pure de la vie, information se trouvant à un niveau de pensée impossible à décoder ou reproduire par notre seul système nerveux. Il s'agit d'une interaction entre l'observateur et l'observé, le créateur et le créé. Du point de vue de l'humain, l'Esprit est supérieur et séparé du corps, alors que du point de vue de l'Esprit, l'expérience humaine est unifiée avec la pensée de l'expérience elle-même.

La sagesse et la pensée pure sont en constante interaction avec le monde matériel, en ce sens qu'ils SONT le monde matériel, ainsi que l'expérience de celui-ci. La matière et la pensée sont les même du point de vue de l'esprit. L'allée et venue de la pensée dans l'existence, la matière et le mouvement, n'est qu'une dance ininterrompue d'ondulations quantiques produisant l'expérience de la vie. Cette merveilleuse danse interactive de pure sagesse est disponible sur le plan humain grâce à l'interaction quantique se produisant dans le cerveau.

Créateur, Créé, Interaction

Lorsque nous contemplons la nature de l'univers, en essayant purement de la comprendre, sans interférence de concepts dogmatiques ou scientifiques préexistants, nous parvenons habituellement à certaines observations initiales :

- Quelque chose existe, dont fut créé
- Quelque chose à créé ce quelque chose, ou quelque chose provient de quelque part
- Il y à une interaction entre le créateur et ce qui est créé

Dans la plupart des systèmes de pensées religieuses et scientifiques, il existe une trinité composée d'une force créative, d'une substance créé et d'une interaction entre la force créative et la substance créée.

Pour les Indou, le créateur de toute choses est Brahma, tout ce qui est créé est Vishnu, et la force qui transformationnelle de l'univers est Shiva. Les Chrétiens on un système de classification différent, mais ont, de façon analogue, le Père qui à créé toute chose, le Chris qui est le fils et la création de Dieu, et le Saint Esprit établissant une interaction entre le Père et le Fils. Les Égyptiens ont Osiris, Horus et Isis. Les Juifs ont Eheieh, Iah et Yahveh. Il est possible de trouver le concept d'un créateur, d'une création et d'une relation entre les deux dans toutes les observations de l'univers.

Si vous demandez à un scientifique ce qui à créé toute chose, d'où provient toute chose, il dira que c'est l'énergie, que tout provient de l'énergie. Demandez au même scientifique de décrire tout ce qui est créé, il répondra probablement que la matière est tout ce qui à été créé. QU'en est-il maintenant de l'interaction entre l'énergie et la masse ? N'y a-t-il pas de mouvement, calculé en vitesse, et une fréquence, souvent représentée par la lumière ? Ainsi donc, nous avons un créateur, une création et une interaction !

Je peux aisément imaginer un prêtre Chrétien faire le signe de la croix en disant « Je te bénis au nom du Père, du Fils et du Saint Esprit. » Le Brahman Indou nous bénirait ainsi : « Au nom de Brahma, de Vishnu et de Shiva ». Il devient donc aisé d'imaginer un scientifique, attriqué de son sarrau blanc, basant tout ce qu'il connaît de la Sainte Trinité, vous « bénissant » au nom de E égale MC au carré !

Comme tout autre système de croyance, la science moderne possède sa Sainte Trinité. $E = mc^2$

S'il-vous-plaît, prenez un moment pour contempler ceci. En utilisant leur système de croyances basés sur une observation objective, la communauté scientifique souhaite notre bien-être commun, combler nos besoins, guérir nos plaies, alléger notre douleur, rendre notre vie plus facile. Je vois des prêtres dans de grandes églises, croyant en un Dieu sans nom. Tout cela est étonnant.

Si vous pouvez étendre votre perception, nous pouvons penser que les différentes communautés scientifiques et spirituelles sont à la poursuite du même objectif. Ils sont à la fois une quête d'une Vérité, chacun employant ses propres moyens. Si nous souhaitons trouver l'harmonie dans toutes ses approches différentes cherchant à mettre en lumière le concept de la Vérité, nous devrions donc accepter tous les systèmes de croyances sans jugement. À partir de là, nous pouvons nous orienter vers le système de croyance que nous préférons, et commencer ainsi notre véritable quête de la Vérité.

Les bouddhistes n'ont pas de Dieu qui viendra pour les sauver, nous ne prions pas d'être suprême « quelque part au loin », espérant qu'il viendra « ici » pour répondre à nos demandes. Nous ne croyons pas au concept de séparation du « quelque part au loin » et du « ici ». Nous croyons qu'il existe un potentiel infini, partout, et que nous sommes tous responsables de son utilisation. Nous ne déclarons pas qu'il n'existe aucun Dieu, et nous ne déclarons pas non plus qu'il en existe un. S'il existe un Dieu, alors il est tout ce qui est, ne donnant pas de définition similaire aux autres systèmes religieux.

Cependant, nous croyons que tout provient de quelque part, que nous décrivons comme une Conscience Suprême brillant comme une lumière infinie. Cet enseignement fut donné par le Bouddha, et se nomme enseignement de la « Terre Pure », là où nous évoluons dans cette lumière consciente infinie, sans demander quoi que ce soit. En Sanskrit, la Lumière Consciente Infinie se prononce : Amitabha Buddha. Cela serait notre concept de création. Amitabha Buddha n'est pas un être humain que nous prions, mais un concept que nous invoquons dans notre esprit en récitant son nom.

Représenté par une statue de Bouddha, Amitabha est toujours secondé de deux Boddhisattvas, nomément MahaSthamaPrapta à sa gauche, et Avalokiteshwara à sa droite.

Notre concept de création serait grande-puissante-sagesse, ou Bodhisattva MahaSthamaPrapta. Tout ce qui parvient à exister provient de la connaissance consciente de cette forme. L'action et la forme à la fois sont le résultat de la même ondulation quantique. Ainsi, la puissance et la sagesse jointes ensemble dans un grand concept unifié nous donne MahaSthamaPrapta.

Notre concept d'interaction serait le Maître de l'Œil qui Voit, ou Bodhisattva Avalokiteshwara. Ceci est « l'observateur » de l'expérience de la vie. Il s'agit du Soi Suprême s'exprimant en toutes formes, conscient qu'il s'observe lui-même, de son aspect créateur regardant vers sont aspect de création. Ce Bodhisattva est souvent prié lors de rituels religieux comme s'il s'agissait d'un être humain. Cependant, il demeure le concept d'interaction entre les concepts de création et de créateur. Il est à la fois l'acteur et l'objet de l'action ; l'observateur et l'objet d'observation. À partir de ce concept, Avalokiteshwara fut nommé le Bodhisattva de la compassion, oeuvrant au salut de toutes choses vivantes. Il représente le point le plus élevé de notre conscience individuelle, où nous fusionnons à nouveau avec la conscience absolue et unifiée.

Introduction au bouddhisme quantique

Le bouddhisme quantique est une adaptation de l'enseignement bouddhiste ancien à une nouvelle ère d'émancipation scientifique. Le bouddhisme quantique n'est pas nécessairement une science, mais il est très certainement bouddhiste. Fort des récentes découvertes scientifiques faites en physique quantique, une nouvelle forme de bouddhisme est née.

L'un des plus important enseignement du Bouddha est le Sutra du Lotus. Le second chapitre du Sutra du Lotus se nomme « Moyens Expéditifs ». Ce chapitre nous enseigne que nous devons adapter les enseignements bouddhistes à chaque nouvelle situation qui survient afin d'enseigner le Dharma le plus rapidement et le plus efficacement possible. Le troisième chapitre du Sutra du Lotus se nomme « Analogie et parabole », nous encourageant à trouver des manières d'enseigner le Dharma qui seront faciles à comprendre. Voici un extrait de ce chapitre, alors que le Bouddha explique sa sagesse à son disciple Shariputra:

> « De plus, Shariputra, j'utiliserai également des analogies et des paraboles afin de clarifier cette doctrine car, au moyen des analogies et paraboles, les sages peuvent comprendre.

> « Shariputra, suppose que dans un certain village d'un certain pays habitait un homme très riche. Il était passablement vieux et sa richesse était démesurée. Il avait plusieurs champs, maisons et serviteurs. Sa maison était très vaste mais n'avait

qu'un seul portail. Plusieurs personnes vivaient dans la maison... cent, deux cent peut-être même cinq cent. Les pièces et les halls étaient vieux et en décrépitude, les murs s'effritaient, les pilliers pourris à leur base, et les poutres étaient tordues.

« Un incendie fit soudainement irruption, s'étendant rapidement à toute la maison. Les fils de l'homme riche, dix, ving, peut-être trente, étaient tous dans la maison. Lorsque l'homme riche vit les flammes jaillissant de tous les côtés, il prit peur et pensa : Je peux encore m'échapper par le portail en feu, afin d'être en sécurité, mais mes fils sont toujours à l'intérieur, jouant à leurs jeux, ne savant pas que le feu ravage la maison, insouciants du danger. Le feu se rapproche d'eux et les tiendra bientôt prisonniers, la souffrance et la douleur les menace, pourtant leur conscience n'ont aucune notion du danger et ils ne pensent pas à s'échapper.

« Shariputra, cet homme riche pensa [...] « Mes fils sont très jeunes, ils ne comprennent pas, et ils aiment tant jouer qu'il ne remarquent pas l'incendie qui est sur le point de les brûler vifs. Je dois leur expliquer pourquoi j'ai aussi peur. La maison brûle déjà et je dois les en faire sortit rapidement pour éviter qu'ils ne perdent la vie dans cet incendie ! »

« Après avoir ainsi réfléchi, il suiva son plan et appela ses fils en disant : « Vous devez tous sortir immédiatement ! » Pourtant, bien que le père était sous l'emprise de l'émotion et bien que ses instructions étaient claires, les fils étaient si absorbés par leurs jeux, ne souhaitant pas du tout cesser de jouer. Ils n'avaient pas peur et ne souhaitaient pas du tout quitter la maison. De plus, ils ne comprenaient pas ce qu'était le feu, ni ce qu'était la maison, ni ce qu'était le danger. Ils ne faisaient que courir pour s'amuser, voyant leur père mais sans lui accorder d'attention.

« À ce moment, l'homme riche eu cette pensée : la maison brûle déjà presque entièrement. Si moi ainsi que mes fils ne sortons pas immédiatement, nous allons brûler. Je dois immédiatement trouver un moyen rapide de faire en sorte que mes enfants évitent de périr.

« Le père comprenait ses fils et savait quel genre de jouets et objets étranges ses fils aimaient, et savait ce qui leur ferait plaisir. Ainsi, il leur dit : « Le genre de jouets que vous aimez sont rares et difficiles à trouver. Si vous n'en profitez pas quand vous le pouvez, vous le regretterez sans doute plus tard. Par exemple, ces chariots pour les chèvres, les chevreuils et les buffles. Ils se trouvent en dehors de la maison maintenant, afin que vous puissiez jouer avec. Alors vous devez sortir de la maison en flamme immédiatement. Ensuite, peu importe lequel de ces chariot vous souhaitez avoir, je vous les donnerai !

« À ce moment, lorsque les fils entendirent leur père leur parler de ces objets rares, qui étaient justement ce qu'ils voulaient avoir, leur cœur se rempli de joie et, se poussant et se tirant mutuellement, sortirent de la maison en courant. »

Dans ce récit, est-ce que le père à menti aux enfants ? Ou à-t-il trouvé un moyen de faire passer son message ? Est-ce que l'objectif de la communication est d'avoir raison, ou d'être exact ? Ou est-ce que l'objectif de la communication est de réussir à communiquer un message ? Tant que nous disons la vérité, ne devrions-nous pas trouver le meilleur moyen d'adapter notre communication à celui à qui l'on s'adresse ?

En suivant la guidance proposée par ce petit récit, nous souhaitons enseigner le Dharma de différentes manières qui sont adaptées à cette nouvelle ère de découvertes scientifiques et de technologie modernes. Mais comment y parvenons-nous ? Quel domaine scientifique accepterait des concepts spirituels tels la conscience et le Soi Supérieur ? La réponse se trouve dans l'émergence de la physique quantique.

La quête pour la vérité se faisait autrefois dans les églises et les temples, mais dans cette nouvelle ère, la quête de la vérité se fait au moyen d'observations objectives dans des laboratoires. Récemment, dans certains de ces laboratoires, il fut découvert que la conscience, ou du moins le fait de porter attention, influence le comportement des particules.

De plus, il fut déduit que les particules ne sont pas tangibles si personne ne porte son attention sur elles. Les particules semblent demeurer en état de potentiels absolus infinis jusqu'à ce que quelqu'un leur porte attention, où elles se «figent» alors, à partir de leurs innombrables possibilités, en une forme unique. Fort de ces découvertes scientifiques, nous avons découvert une manière d'expliquer plusieurs concepts bouddhistes tels :

- La conscience
- Le Soi et le non-soi
- L'unité dans toutes choses
- L'illusion et la réalité
- L'impermanence, et plus

Cependant, la science se base sur la suprématie de l'intellect qui détient la connaissance de ses observations, alors que le bouddhisme se base entièrement sur la pratique dérivée de la connaissance. Alors qu'une certaine élite scientifique aime contempler l'accumulation de la connaissance, nous bouddhistes insistons sur le fait d'aller plus loin afin de transformer nos vies. Cela peut seulement être atteint si nous nous y exerçons, comme pour toute discipline, en nous basant sur la connaissance la plus évoluée.

À propos du Sutra de Amitabha

La traduction du Sutra d'Amitabha est disponible sur notre site web, dans la section d'entraînement des membres. Il s'agit d'un texte imagé et sa lecture constitue davantage une méditation qu'un enseignement concis. Il n'est pas nécessaire de le lire afin de comprendre les concepts suivants.
(www.QuantumBuddhism.org)

Selon les enseignements du Bouddha, nous pouvons simplement nous asseoir en méditation, récitant mentalement le nom « Amitabha Buddha » de manière continue, en contemplant doucement sa signification. Il est également possible de réciter une salutation telle « Namo Amitabha Buddha » ou « J'accueille la Lumière Éveillée Infinie ». Peu importe le cas, cette pratique vous mènera éventuellement à devenir conscient de la Terre Pure, ou si vous le souhaitez, du Champ Quantique Unifié.

Dans le Sutra de l'Amitabha, la Terre Pure est décrite comme une terre regorgeant de richesse, offrant tout ce que l'on peut désirer. Elle est remplie de Bouddhas et de Bodhisattvas, des grands êtres, des saints et d'êtres communs, tous unis en une conscience éveillée unique. Si vous souhaitez quelque chose, vous pouvez l'obtenir dans la Terre Pure d'Amitabha. Vous n'avez qu'à y être connecté.

Lorsque vous vous concentrez sur quelque chose pendant aussi longtemps, cette chose fini par exister réellement. Certains disent qu'afin de se connecter à la Terre Pure, vous devez réciter le nom d'Amitabha Buddha pendant 7 jours, sans interruption. D'autres disent que vous devez le réciter quotidiennement, sans rater une journée, afin de demeurer connecté. Certains Bouddhistes de la Terre Pure récitent son nom mentalement pendant la journée alors qu'ils sont éveillés, peu importe ce qu'ils sont en train de faire comme tâche ou activité. Nous vous suggérons d'abord d'essayer la méditation, et ensuite trouver votre propre application à cette sagesse. Une chose est sûre : si vous pensez au Champ Quantique Unifié pour une période assez longue, vous en deviendrez conscient, et vous existerez même consciemment à l'intérieur du Champ lui-même.

Les premiers Bouddhistes Hindous récitaient le nom d'Amitabha Buddha en Sanskrit. Cependant, l'enseignement était traduit dans la langue du pays où allaient les Bouddhistes, récitant parfois le nom seul, parfois avec la salutation. Ainsi, plusieurs traditions de la Terre Pure récitent le nom d'Amitabha Buddha dans leur propre langue, selon leur propre tradition :

Chinois: Amitofo
Tibétain: Hoddpagmed
Japonais: Namu Amida Butsu
Viet-Nâmien: Nam Mo A Dzi Da Fa

Sentez-vous confortable de réciter le nom de la Terre Pure dans la langue de votre choix. En bouddhisme quantique, nous préférons utiliser le nom Sanskrit uniquement. Cependant, l'auteur de ce livre à expérimenté des niveaux très élevé de pensées pures en récitant la version japonaise puisqu'il à d'abord évolué par la tradition Japonaise de la Terre Pure appelée Hongaku Jodo.

Le mental conditionné

Depuis notre naissance, nous avons vécu une série d'expériences qui nous ont permis de saisir ce qu'est la vie, si nous y portons attention. Cependant, nous avons également reçu des instructions qui ont conditionné notre esprit à une structure de pensée. Ces structures mentales nous ont permis d'exister en communauté, ainsi elles sont essentielles, mais elles nous empêchent également de voir au-delà d'elles-mêmes. Nous avons appris les nombres et leurs règles strictes d'application. Nous avons appris les lettres et leurs règles strictes de combinaisons. À partir de là, nous avons appris à lire et à compter, mais nous avons également appris à encadrer notre pensée dans une forteresse de connaissance, voilant la véritable nature des choses, nous laissant seulement quelques petites fissures dans la forteresse ci-haut mentionnée pour voir une palette limitée des nombreuses possibilités offertes par la vie.

Chez les Bouddhistes existe un enseignement à propos de l'illusion qui est souvent mal interprété. Le Bouddha à longuement pensé à la réalité et à la perception pure que nous en avons. Mais les Bouddhistes les moins bien informés se contentent de dire que tout est illusion, ce qui n'est pas ce que le Bouddha à dit. Cela aiguillonne les étudiants bouddhistes vers une confusion à propos de ce qui est réel et de ce qui ne l'est pas.

Prenons un exemple à propos de notre façon de la notion que nous avons des couleurs, lorsque nous sommes jeunes. Un arc-en-ciel nous montre une palette complète de couleurs possibles. Il n'existe pas de séparation entre chacune des couleurs. L'arc-en-ciel est continu.

VIOLET

INDIGO

BLEU

VERT

JAUNE

ROUGE

Au moyen de l'image en teintes de gris ci-dessus, imaginez une palette continue de teintes lumineuse. Sur une charte de couleurs, nous étiquetons des mots pour nommer les couleurs qui semblent les plus évidentes. Rouge, jaune, vert... nous plaçons ces étiquettes sur la charte pour faire référence aux couleurs, et très rapidement nous arrivons à oublier qu'il s'agit d'une échelle de possibilités infinies pendant que nous continuons de parler des seules couleurs que nous avons identifiées. Évidemment, si vous allez dans un magasin de peinture, vous trouverez des milliers d'étiquettes faisant références à tout autant de couleurs. Cependant, quand nous étions enfants, nous pensions d'abord à quelques couleurs seulement, et en les mélangeant, nous arrivions à une autre série de couleurs. Rapidement, nous oublions la palette de couleur de l'arc-en-ciel et nous ne regardons que les couleurs sur lesquelles on nous à dit qu'il existait une étiquette pour la nommer. Si vous demandez à un enfant de nommer les couleurs de l'arc-en-ciel, il régurgitera simplement la série d'étiquettes structurées qu'on lui à enseigné sans même comprendre le concept de couleurs continues, à moins que nous ne lui expliquions. À cause de son conditionnement, il ne voit que les couleurs que nous lui avons décrites, et y fait référence comme s'il existait une séparation entre chacune des couleurs identifiées.

La même chose s'applique au temps. Le temps s'écoule continuellement. Afin de devenir productif, nous avons décidé de mettre des étiquettes sur un disque, en utilisant les nombres comme structure, afin que nous puissions faire des choses au même moment.

Nous avons créé un système le long de la ligne infinie du temps, afin que nous puissions devenir plus efficient, peu importe ce que nous faisons. Cependant, en l'espace de quelques générations seulement, nous oublions que nous sommes ceux qui avons placé ces lignes sur le disque, et nous avons commencé à être esclave du système que nous avons préalablement créé. La plupart d'entre-nous n'utilisons plus le temps pour demeurer maître de nos moyens de production, mais sommes encastrés dans la structure du temps.

Est-ce que l'univers fut créé de 9 :00 à 17 :00, d'un lundi à un vendredi ? Est-ce que le flot de la vie est si rigide avec n'importe quelle autre espèce à part l'humain ? En fait, est-ce que quoi que ce soit dans l'univers se déroule en fonction de ce qu'indique l'horloge ? Le temps est un concept que nous avons créé afin de pouvoir nous comprendre, que nous avons utilisé afin de devenir plus productif, et que nous craignons maintenant. C'est ce que nous voulons dire par « illusion ». À ce moment précis, maintenant, nous ne sommes pas vraiment le 28 mai 2008, 16 :02, alors que j'écris cette ligne de texte. Cependant, c'est de cette manière que je l'exprimerais à un autre être humain qui m'interrogerait sur le sujet.

Nous devons continuer d'utiliser des mots pour faire référence aux couleurs, et aux nombres pour faire référence à un moment ; autrement, nous ne pourrions nous comprendre, encore moins travailler ensemble. Cependant, nous devons nous efforcer de nous affranchir de ce système, pas en le rejetant, mais en reprenant le contrôle. Nos systèmes sont faits pour nous servir, nous donner une certaine forme de pouvoir, non pas pour faire de nous des esclaves. Jusqu'à ce que nous puissions voir absolument tout en termes de possibilités, nous portons un carcan dans une forteresse d'options limitées et définies.

La quantité étonnante de conditionnement que nous avons acquis depuis la naissance va bien au-delà des mots et des nombres. Tout ce que nous percevons avec nos sens est catégorisé, étiqueté et classifié dans nos cerveaux. Ce comportement crée un schisme entre ce qui est perçu et l'expérience qui résulte de sa perception. Peu surprenant alors que la plupart des humains ressentent de l'angoisse et du désespoir. Nous regardons la vie tout en étant séparé d'elle.

Si vous souhaitez réellement acquérir la véritable notion de ce qu'est le « temps », vous devez cesser de regarder l'horloge, et porter votre attention vers l'intérieur. Tout en respirant doucement de manière naturelle, soyez attentif à votre expérience du temps. Ne vous vautrez pas dans une récitation intellectuelle de ce que vous pensez à propos du temps. En fait, essayez de ne pas penser du tout en termes de déduction et de compréhension. À la place, contemplez votre expérience du temps. Respirez doucement et ressentez. Soyez conscient de ce qu'est le flot du temps. Expérimentez-le de manière consciente, avec des pensées pures, sans mots. Essayez de garder votre esprit silencieux, et soyez alerte à ce que représente le temps. Il peut s'écouler un certain temps avant que vos pensées ne se calment. Il peut s'écouler encore un certain temps avant que votre mental ne commence à expérimenter le temps de façon continue, sans séparation. Vous réussirez à expérimenter le temps sans perception illusoire lorsque vous serez spontanément rempli d'une vague puissante de vie, de bonheur, que vous ne pourrez expliquer. Cela ne peut se produire que si votre mental est calme et que vous passez suffisamment de temps sans compter celui-ci, en ne portant votre attention que sur l'expérience du temps.

La même chose s'applique aux couleurs. Imaginez une palette complète de couleurs en tentant d'affranchir votre mental de toute références antérieures aux couleurs. Contemplez l'expérience des couleurs tel un unique champ unifié de possibilités infinies. Si vous commencez à compter les couleurs, ou que vous pensez à une couleur en particulier, vous ne vous y prenez pas correctement. N'y pensez pas, ne faites que contempler le concept, sans pensées. Éventuellement, votre champ de perception visuelle en entier sera purifié, et vous commencerez à voir la réalité de la couleur, non pas l'illusion des couleurs.

Si vous vous exercez à percevoir toute chose comme étant partie intégrante d'une palette unifiée, continue et infinie de possibilités, vous vous éveillerez éventuellement sur la véritable nature de la réalité.

Contrôle, Pouvoir, Manipulation

Selon notre habitude de tout gérer par classification compartimentée, nous avons développé un besoin de tout contrôler. Tous, selon leur propre système de croyance, tenteront de contrôler chacune des situations auxquelles ils/elles font face, afin de s'assurer un plus grand sentiment de sécurité. Ce besoin de contrôle est le résultat de notre insécurité. Nous souhaitons éviter la souffrance, et nous utilisons des moyens drastiques pour l'éviter. Cependant, ces méthodes drastiques vont bien au-delà du simple contrôle des situations immédiates. Alors que nous sommes dans un état non-éveillé (spirituellement), nous souhaitons contrôler absolument tout.

Lorsque nous ne contrôlons pas une situation, ou l'information concernant la situation, nous tenterons de reprendre le contrôle dessus par la force. La seule chose pouvant prévenir un esprit non-éveiller d'utiliser la puissance est la peur d'une puissance opposée plus intense et plus forte encore, menaçant d'appliquer une forme de douleur. Ainsi, la règle numéro un pour éviter de souffrir refait surface. Afin de demeurer en contrôle d'une situation, ou du moins de demeurer en contrôle de notre niveau de souffrance, nous apprenons à utiliser la puissance afin d'avoir plus de contrôle, et lorsque nous nous retenons de nous servir de notre puissance, c'est pour garder notre niveau de souffrance aussi bas que possible.

Cependant, les humains ont un autre outil pour des situations dans lesquelles la puissance ne peut tout simplement pas fonctionner. Il s'agit de la manipulation. La manipulation est encore un mécanisme de défense que nous utilisons afin de garder le contrôle sur diverses situations, lorsque la force brute n'a pas de chance de réussite. Nous avons tous vécu des situations dans lesquelles nous avons commencé à élaborer des plans pour tenter de contrôler une situation de la vie quotidienne. La manipulation est encore une fois une méthode utilisée par l'être humain non-éveillé, espérant accroître son contrôle afin d'éviter la douleur.

Le contrôle, la puissance et la manipulation sont des méthodes guerrières. Elles finissent toujours par mener à des situations douloureuses. Le résultat de leur emploi perpétuera toujours la souffrance. La raison principale expliquant ceci est que ces comportements sont le résultat d'attachements aux définitions classifiées et étiquetées de notre existence. Lorsque nous souhaitons posséder quelque chose qui ne nous appartient pas, lorsque nous souhaitons recevoir plus de reconnaissance que nous ne méritons vraiment, lorsque nous désirons recevoir plus d'attention que celle que nous avons travaillé pour obtenir… ces situations résultent en un attachement aux objets, aux émotions, aux sentiments, et fini par provoquer la douleur.

La source de n'importe quel conflit est notre attachement aux choses. La seule solution pour sortir de ce combat consiste à regarder en nous, de constater que nous avons des attachements, et de tenter de les comprendre au meilleur de notre habileté. Pourtant, la compréhension ne suffit pas. Nous devons également ressentir nos attachements, et ressentir les conflits qui en résultent. En nous permettant de ressentir tout ce qui est relié à chaque expérience douloureuse, nous devenons libres de l'esclavage de l'objet d'attachement.

Pourquoi donc ne creusons nous pas en nous-mêmes et ne résolvons-nous pas toutes les souffrances de nos vies ? La réponse est simple : la peur de l'inconnu.

Peur de l'inconnu

Ce que nous craignons le plus est ce que nous ne connaissons pas. La seule façon de résoudre tout type de conflit est de regarder intérieurement et de devenir pleinement conscient de toutes les implications émotives d'un conflit donné. Le premier indice de tous les conflit est de nous demander : À quoi suis-je attaché dans cette situation ? Qu'ais-je peur de perdre, ou de ne pas gagner ?

Porter notre attention vers ce que nous craignons perdre, ou ne pas réussir à acquérir, implique que nous regardions le noyaux de nos motivations. Un être humain normal n'a absolument aucune idée de ce qui motive ses décisions. Nous sommes davantage habitués à réagir aux stimulations internes que de réellement penser à chacun des choix que nous faisons. Même lorsque nous croyons passer beaucoup de temps à penser à quelque chose, nous ne remarquons même pas que ce à quoi l'on pense est la quantité de souffrance que nous souhaitons éviter. Nous semblons penser aux avantages et inconvénients de chacun des choix qui s'offrent à nous, mais en fait nous comparons surtout les différents niveaux de souffrance selon le type d'attachement que nous gardons dans nos vies. Pourtant, nous nous cachons de ce niveau de réflexion à propos de nous-mêmes afin de soutenir notre croyance que nous avons le contrôle.

Si nous regardions directement au cœur de chaque situation, nous porterions immédiatement notre attention vers ce à quoi nous sommes attachés, ainsi que la souffrance qui en découle. Pourquoi ne le faisons-nous pas ? La peur de l'inconnu. Lorsque nous n'avons pas de contrôle sur une situation, nous avons peur. Nous tentons d'éviter de regarder intérieurement, et de ressentir simplement ce qui se trouve en nous. Nous souhaitons éviter de ressentir quelque chose que nous ne voyons pas déjà en nous. Alors que nous sommes inconscients de ce qui se trouve dans notre mental, notre cœur et notre corps, nous avons également peur de ce que nous pourrions y découvrir.

Cependant, c'est seulement en portant notre attention vers l'intérieur afin de ressentir ce qui s'y trouve que nous pourrons en acquérir la connaissance. La solution à toutes nos souffrances consiste à creuser en nous, sans savoir ce que nous allons y trouver, et de porter notre attention vers peu importe ce qui fera surface. Ceci requiert de la Foi, et est parfaitement possible. Avec de la pratique, regarder, penser à et ressentir ce qui se cache en nous devient un jeu. Cependant, pour commencer, il faut faire face à la noirceur et faire le premier saut.

C'est un peu comme de se tenir debout à côté d'une piscine remplie de gens qui s'amusent et que la seule pensée que nous avons est « J'espère que je ne me ferai pas mal. » En fait, la pensée apparente peut ressembler à « J'espère que l'eau ne sera pas trop froide. », mais la véritable pensée sous-jascente est notre peur de souffrances potentielles. Éventuellement, il suffit de simplement sauter à l'eau pour se rendre compte qu'elle est plutôt bonne. Ensuite, vous commencez à vous amuser.

Ainsi donc, comment commençons-nous à regarder et à ressentir notre intérieur ?

Fixité

La technique est simple:

- Pouvez-vous vous asseoir ?
- Pouvez-vous regarder?
- Pouvez-vous respirer?

Si oui, faites-le ! Rien d'autre.

Asseoyez-vous sur une chaise, ou au sol les jambes croisées, fixez le plancher en focalisant sur un point, et portez votre attention sur votre respiration. Assez facile, n'est-ce-pas ? Essayez 20 minutes d'affilées et vous en découvrirez un peu sur vous-même. La plupart des gens à qui nous proposons la fixité ne peuvent pas supporter plus de 5 minutes au début. Avec le temps, vous vous habituerez et vous pourrez demeurer en fixité pendant une heure.

Pendant votre pratique de la fixité, n'utilisez aucun mantra, aucune visualisation. Ne faites pas jouer de musique de fond. Ne stimulez pas votre mental de quelque façon que ce soit. L'objectif est d'amener le mental en état de repos. N'accordez d'attention qu'au point sur le sol et à votre respiration naturelle.

Lorsque vous commencez à vous entraîner à la fixité, votre mental sort les ordures, en quelques sortes. Il tentera par tous les moyens de vous faire dérailler de votre fixité. Vos yeux commenceront à bouger de manière incontrôlable et votre respiration peut devenir plus difficile. Cela est normal. Votre mental est habitué à une stimulation continue, alors il obéit simplement aux lois de l'inertie, tentant de perpétuer le mouvement. Lorsque cela se produit, continuez simplement à fixer un point sur le plancher et détendez votre respiration.

Lorsque vous vous rendez compte que votre mental commence à suivre une pensée unique, nourrissant une fantaisie mentale, revenez à votre attitude de non-pensée et continuez de demeurer conscient de ce que votre mental essaie pour vous distraire. Revenez simplement à la pensée simple de contemplation de votre respiration naturelle de haut en bas, d'en dedans vers en dehors. Alors que vous êtes conscient que votre mental vous lance des pensées rapidement et de manière désordonnée, demeurez calme et en paix. L'objectif est de parvenir à ne plus penser du tout, mais vous devez accepter que ça ne sera pas le cas au début. Essayez de ne pas penser, mais je jugez pas le fait de penser.

Avant que votre mental ne s'arrête, vous traverserez éventuellement d'autres stades de purification. Ceux-ci sont plutôt plaisants, et provoquent des sensations plaisantes dans le corps. En pratiquant la fixité simple, en contemplant votre respiration naturelle, votre système énergétique entier est revitalisé. Vous ressentirez peut-être une sensation de picotement de temps à autres. Ce sont des précurseurs à des vagues plus puissantes encore provenant de votre système nerveux, célébrant sa nouvelle liberté.

Poursuivre l'explication plus loin est inutile, puisqu'il faut avoir expérimenté la pratique afin de pouvoir la comprendre.

Libérer le mental

Pensée non-humaine

Les pensées ne sont pas limitées au système nerveux, ni au processus mental. Habituellement, nos pensées se basent sur l'objet de nos sens, mais il ne s'agit pas de la seule manière de penser. Nous pouvons avoir des pensées pures, basées sur... rien. En pratiquant la fixité pendant assez longtemps, vous aurez éventuellement cette pensée pure, sachant que vous êtes simplement en train de vous observer, sans autre type de présence mentale autre que la présence mentale elle-même.

Certains disent que tout est énergie. D'autres disent que tout est pensée. D'autres encore diront que tout est une chose, comme la matière, ou la masse. Le fait est que tout est fait de cette chose unique qui ne peut pas être défini, mais qui s'applique à toutes ses perceptions. Si vous voyez cette chose comme de l'énergie, elle semblera en être. La même logique s'applique aux pensées. Nous aimons référer à l'essence pure de toute chose comme étant soit de la Lumière, ou une pensée pure.

Cette matière/énergie/pensée primordiale, qui est en fait la même chose, existe et se manifeste en phénomènes de niveaux, fréquence ou densité, selon la manière de la regarder. La manifestation de cette essence primaire de toute chose va des grandeurs absolues du Soi spirituel non manifesté aux propriétés brutes et densifiées de la matière tangible.

L'échelle de densité de pensée

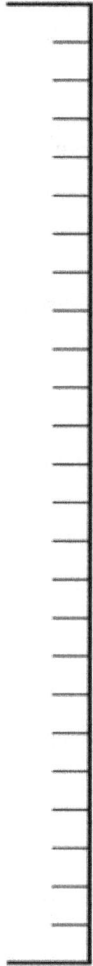

SPIRITUELLE

MATÉRIELLE

Nous avons placé des séparateurs n'importe où sur l'échelle simplement pour démontrer qu'il s'y trouve des marqueurs. Cependant, tout comme notre exemple des couleurs, il n'existe pas de séparation réelle sur cette échelle. Les différentes fréquences et densitées de pensée, de lumière ou de son, ne sont pas séparées. Plusieurs traditions divisent cette échelle en 7 corps de lumière, 14 corps de lumière, ou, selon l'approche Occidentale typique : physique, vital, émotionnel, mental, causal… etc. Nous ne souhaitons pas promouvoir ni rejeter aucun système. Nous ne souhaitons pas traiter d'un système précis pour le moment, mais plutôt démontrer une manière unifiée de regarder la création et l'existence.

Sur l'échelle présentée ici (page précédente) se trouve une parenthèse } démontrant le bas de l'échelle, plus près du monde matériel. Dans ce cas, la variable « c » démontre la gamme de conscience des événements se produisant le long de l'échelle de densité. Il s'agit de la gamme normale de conscience que nous avons, dans notre vie quotidienne, davantage conscients des événements matériels, quelques événements émotionnels et peu d'événements mentaux. Dans notre état de conscience normal, nous tendons à limiter notre perception d'événements plus évolués.

Lorsque nous méditons, ou que nous pratiquons la fixité, nous tendons à élever l'étendue de notre conscience de sorte que nous commençons à percevoir moins d'information provenant du niveau matériel et davantage des niveaux spirituels. Plus nous devenons expérimenté avec nos pratiques spirituelles, plus nous devenons conscients de niveaux supérieurs de pensée, de lumière, de masse, d'énergie... et plus l'étendue de notre conscience croît, étendant notre champ de perception.

L'objectif de la pratique méditative est de faire en sorte que vous deveniez conscient de la réalité unifiée, en maintenant votre conscience sur tous les niveaux de l'échelle, du matériel au spirituel. Cette étendue de conscience est présente chez les maîtres spirituels pleinement illuminés (nirvana). Gardez à l'esprit que nous pouvons tous parvenir à cet objectif. Une partie des enseignements du Bouddha est que nous pouvons tous parvenir à l'illumination.

SPIRITUELLE

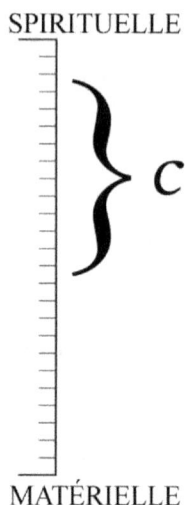

MATÉRIELLE

SPIRITUELLE

MATÉRIELLE

Il existe différentes façons d'étendre le champ de notre conscience. La plus efficace est la fixité, mais elle requiert le plus de courage et de discipline. Il existe plusieurs autres manières plus amusantes d'y parvenir. La présence tenace de notre égo humain pendant nos pratiques spirituelles peut se comparer à un mur érigé autour du Soi. En jouant avec notre égo, nous pouvons apprendre à grimper par-dessus ce mur, et avoir beaucoup de plaisir ce faisant.

Grimper le mur humain

Submerger le mental

La clef pour parvenir à grimper le mur humain, jusqu'au Soi, est de submerger le mental avec des « jouets ». Au lieu de penser à votre égo tel un ennemi, nous le voyons plutôt comme un ami avec qui jouer. Ces outils sont : mantra, mudra, mandala, chakra et dharma. Ils peuvent être utilisés séparément, ou en combinaison.

Utiliser ces outils amusants rendent l'ascension du mur humain plus facile, jusqu'à ce que vous sachiez comment enlever le mur humain, ou que vous perceviez qu'en fait il n'existe pas du tout. Cependant, tenter de vous convaincre que ce mur n'existe pas est inutile, puisque c'est votre propre mur humain qui pense ainsi. Jusqu'à ce que vous expérimentiez le Soi, avec une pensée claire basée sur aucun objet mental ou sensoriel, vous devez composer avec le mur, en espérant que cela soit de manière amusante.

Mantra

Un mantra est un mot, une phrase ou un paragraphe qui est répété encore et encore jusqu'à ce que la sagesse qu'il représente se révèle à votre mental. Avant de pouvoir exister en pensée pure, vous avez besoin de moyens humains pour qu'apparaîssent la pensée pure dans votre esprit.

Un exemple de mantra duquel nous avons déjà parlé est «Amitabha Buddha». Cependant, il plusieurs mantras peuvent être utilisés, chacun pour des objectifs bien précis. Répéter un mantra équivaut à pratiquer la fixité, mais au lieu de vous concentrer sur rien (ce qui est la partie la plus difficile) vous gardez votre attention sur le mantra. Cela facilitera le travail pour votre mental.

Utilisons un mantra de paix, en Sanskrit :

Om Shanti Shanti Shanti.

Répétez le mantra de paix encore et encore, pour de longues périodes. L'objectif du mantra de paix est d'ammener votre mental à éventuellement accepter le fait de ne penser à rien. Vous pouvez vous exercer pendant 5 minutes consécutives, quotidiennement, et les réusultats se feront sentir après un certain temps. Si vous récitez le mantra quotidiennement pendant une heure sans interruption, les résultats se feront voir après quelques jours. Il vous appartient de décider à quelle vitesse vous souhaitez bénéficier des résultats de cette pratique, selon le degré de détermination que vous avez.

Mudra

Un mudra est un geste simple fait avec les mains. Le corps renferme des millions de nerfs qui transportent l'électricité, mais contient également une circuiterie plus subtile : les méridiens. Ces méridiens sont utilisés courramment dans la médecine chinoise traditionelle, principalement en accuponcture. Ils sont également à la base de toutes les techniques de massage puisqu'ils ont plusieurs influences bénéfiques sur le corps et l'esprit. Leur emploi induit habituellement un état de relaxation, favorisant la récupération.

Dans ce cas, nous utiliserons un mudra simple reconnu pour favoriser l'harmonie, en équilibrant tous les types d'énergies dans le corps. Maintenez tous vos doigts ensembles, le bout des doigts faisant contact, tel que montré sur la photo ci-dessous.

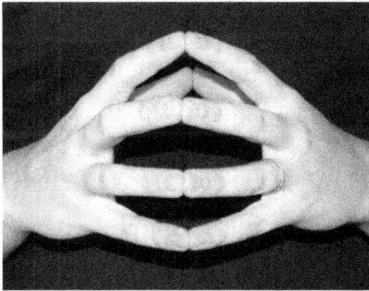

Vous pouvez utiliser le mudra de l'harmonie seul. La pratique consiste à pratiquer la fixité et, pendant que vous respirez, portez votre attention vers l'énergie circulant dans vos doigts, puis dans votre corps en entier. Cela dit, ce mudra est bien plus amusant lorsque vous récitez également le mantra de la paix mentalement, procurant ainsi deux types de stimuli à votre système nerveux.

Mandala

Un mandala est une image que vous gardez à l'esprit. Nous utiliserons l'image mentale sous forme de visualisation. La visualisation mentale nous aide à garder notre attention sur la technique afin d'empêcher l'esprit de penser dans toutes les directions. Cependant, si vous commencez à penser à d'autres sujets, ne mettez pas de pression sur vous-même afin de revenir à la visualisation, mais tentez d'y revenir avec une attitude paisible et détendue, en recréant calmement les images appropriées dans votre esprit.

L'image gardé en tête vous aidera à porter votre attention sur le point de focalisation, mais nous utiliserons également les couleurs (chromothérapie, ou la thérapie par la couleur), en combinant l'effet psychologique de la couleur afin d'augmenter l'efficacité de nos périodes de pratique. Évidemment, la visualisation elle-même sera subtilement en lien avec le concept philosophique à garder en tête. Ces visualisations sont des suggestions et varieront selon la tradition.

Dans ce cas, vous pouvez visualiser une couche de couleur bleu enveloppant votre corps, irradiant une lumière blanche. Combiné

au mudra de l'harmonie et au mantra de la paix, cette technique
est encore plus efficace.

Chakra et Dharma

En ce qui concerne le chakra et le dharma, il existe plusieurs
livres sur ce sujet. Pour résumer, le chakra est un centre
énergétique dans votre corps, où l'énergie tend à circuler. Pour
cette technique, vous pouvez accorder de l'attention aux mains
qui font le mudra, ou porter toute votre attention vers le dessus
de votre tête. En ce qui à trait au dharma, il s'agit de la sagesse, de
la doctrine et de la philosophie. Contemplez les principes de paix
et d'harmonie pendant que vous pratiquez cette technique.

Du mental à la réalité

Plus vous contemplez le phénomène de la pensée au niveau humain, plus cette pensée deviendra réalité, ou plutôt, la réalité que vous percevez sera modulée afin de se rapprocher de ce à quoi vous aurez pensé.

En clair, plus vous pensez à quelque chose, plus cette chose deviendra réalité. Mais il ne s'agit pas que de penser à cette chose, mais également d'exister en tant que cette chose. Pour qu'une pensée soit suffisamment forte afin d'exister dans votre échelle de perception matérielle, vous devez nourrir tous les aspects de ce concept, à tous les niveaux de pensée et de densité énergétique.

- Pensée pure
- Définition mentale humaine
- Émotion
- Actions physiques

Il est difficile pour une personne non expérimentée en méditation d'exister simplement dans un état de pensée pure. Ainsi, nous pouvons utiliser des mantras, mudras et mandalas spécifiques afin de stimuler le processus de pensée pure, si nous les employons pour une période suffisamment longue. Ces techniques spirituelles sont disponibles en différentes formes, et l'Association du Bouddhisme Quantique fournit ce type d'entraînement.

La définition mentale doit être une idée claire de ce que vous souhaitez créer dans votre vie. Vous devez réfléchir suffisamment longtemps à ce que vous désirez. Si vous croyez vouloir une grosse voiture alors qu'en fait vous ne souhaitez qu'être heureux, vous enverez des signaux désordonnés en ce qui concerne le type d'expérience que vous souhaitez manifester dans votre vie. La plupart de nos souhaits sont basés sur la peur de perdre quelque chose, l'insécurité et le manque de bonheur. Un processus de purification mentale est toujours à faire avant de focaliser votre esprit sur ce que vous souhaitez réellement. Ce processus de purification vous mènera éventuellement au détachement de votre objet de désir.

Si vous courez après un enfant, même si vous êtes en train de jouer, il tentera de fuir. Mais si vous tournez le dos et que vous vous éloignez, ce sera l'enfant qui courra après vous. Les choses matérielles se comportent ainsi. C'est une loi naturelle. Ne repoussez pas ce que vous souhaitez, et n'essayez pas de vous l'attirer avec violence. Contemplez simplement la nature de votre création, paisiblement, et vous redéfinirez votre existence.

L'émotion doit être accordée avec votre disponibilité à vivre l'expérience désirée dans le monde physique. Même si vous souhaitez de tout votre cœur, obtenir beaucoup d'argent, si au plus profond de vous vous nourissez la pensée que vous ne méritez pas d'argent, vous nuirez au processus créatif. Cela ne signifie pas qu'il ne fonctionnera pas, mais le processus de création prendra beaucoup plus de temps avant de se manifester tel que vous le souhaitez.

En bout de ligne, tout type d'attachement nuit au processus de création qui se produit autour de vous. Le non-attachement ne signifie pas de se débarasser de quelque chose, mais plutôt de ne pas y accorder d'importance. Vous pouvez obtenir tout ce que vous voulez de la vie mais si vous accordez de l'importance aux objets, ils finiront par se briser ou s'éloigner de vous, provoquant différents degrés de souffrance.

Bien des gens aiment penser à créer des richesses pour eux-mêmes, croyant que la richesse leur apportera le bonheur. Cela est erroné. La richesse n'apporte que de l'excitation. Toute autre possession que vous avez autre que pour subvenir à vos besoins de base est superflue et non essentielle au bonheur. L'excitation agite votre esprit et le trouble encore plus qu'il ne l'est déjà et rend la fixité plus difficile à pratiquer, rendant ainsi tout type de perception plus difficile à déchiffrer. Nous ne vous suggérons pas de vous débarasser de tout ce que vous possédez. Nous ne vous suggérons pas de cesser de désirer des richesses. Nous vous suggérons simplement de rechercher le bonheur avant tout autre type de support illusoire au bonheur.

Cependant, si vous sentez pouvoir devenir heureux avec une grosse voiture, ou en ayant des habiletés surnaturelles, ou en accumulant beaucoup d'argent, alors vous pouvez tenter de manifester ces choses pour vous. Vous découvrirez éventuellement si ces choses vous ont réellement rendu heureux ou si elles vous ont simplement excités pendant un moment.

La formule

Les bouddhistes quantiques ont une formule afin d'exprimer le processus de création. Cette formule fut révélée à l'esprit du Vénérable Maha Vajra après une méditation. Il à demandé à la Conscience Suprême comment s'adresser à la communauté scientifique, et elle répondit en présentant le concept suivant, en une pensée pure unique, de manière à ce qu'il puisse être présenté sous forme de formule. Ainsi, la représentation suivante n'est qu'une représentation humaine de ce qui fut reçu purement, dans un état de pensée pure.

$$I = \frac{ci}{D}$$

Une création, du mental à la nature, se produit dans une définition espace-temps. Cette définition espace-temps est un endroit, à la fois dans le temps et l'espace, où les événements naturels se produisent. Lorsque nous manifestons les choses ou les événements dans notre exprit conscient, nous souhaitons influencer la nature. Ainsi, un certain degré d'influence doit s'accumuler avant qu'elle ne puisse se réaliser. Dans cette formule, le grand « *I* » représente le seuil d'influence requis afin d'influencer la définition espace-temps. Plus vous pensez et ressentez l'objet de votre désir, plus vous accumulez d'Influence.

Le grand « *D* » représente la région espace-temps à influencer. Plus la région est vaste (*D*) plus l'influence (*I*) doit être importante. Plus ce que vous souhaitez manifester est dense, plus vous aurez besoin d'influence. Les définitions espace-temps sont plus difficiles à influencer si elles sont définies à un niveau plus dense de pensée/énergie, soit à un niveau plus tangible. Ainsi, influencer la matière est beaucoup plus difficile que d'influencer les émotions, qui elles sont plus difficiles à influencer que les pensées, et ainsi de suite.

Le petit « *c* » représente l'étendue de la conscience, que nous avons couvert dans les chapitres précédents. Plus vaste est l'étendue de votre conscience, plus efficiente sera l'influence. Cela pourrait bien être la principale raison pour laquelle nous devrions pratiquer la fixité, méditer ou s'adonner à toute autre pratique spirituelle.

Le petit « *i* » représente l'intégrité de la conscience. Par cela, nous désignons tous les attachements, jugements et autres nuisance que vous gardez en vous. Plus les patrons que vous gardez à l'esprit sont opprimants et plus vous portez de souffrance dans votre cœur, plus faible sera l'intégrité de votre conscience. Plus vous êtes affranchis de tels patrons, jugements, peurs et émotions, plus votre degré d'intégrité de conscience sera élevé.

Maintenant que nous avons parlé de toutes les variables de la formule, permettez-nous de la réexpliquer. Nous préférons ne pas mettre de nombres sur ces variables, mais si vous insistez, disons que chaque variable équivaut à une valeur allant de 0 à 1.

$$I = \frac{ci}{D}$$

En termes simples, notre intégrité (i) est multipliée par l'étendue de notre conscience (c) qui module la vitesse et l'efficience du processus de manifestation. Plus notre ci est grand, plus vite l'influence s'accumule sur D. Lorsque le seuil de I est atteint, la manifestation commence à se produire. Ce processus n'est pas nécessairement instantané, bien que cela puisse l'être si le seuil de l'Influence consciente peut surpasser le flot naturel du temps contenu dans la définition de l'espace-temps. La plupart du temps, nous influençons les événements, les pensées et les émotions, mais nous laissons ces manifestations se produire selon le flot naturel du temps. En laissant le paramètre du temps en dehors de la Définition que nous souhaitons influencer, le degré de difficulté du processus est grandement réduit, bien qu'il faille user de plus de patience.

Il n'est pas nécessaire de comprendre tous les paramètres de la formule, ni même de comprendre la formule elle-même. Ce qui est essentiel à retenir de tout cela est qu'il est bénéfique :

- d'étendre notre conscience, en s'entraînant au moyen de diverses pratiques spirituelles
- de développer l'intégrité de notre sonscience, en prenant le temps de s'observer

Transmutation émotionelle

Ce chapitre est inclu dans tous les livres écrits par le Vénérable Maha Vajra, puisqu'il s'agit de sagesse du plus haut niveau, et est l'une des techniques les plus difficiles à saisir. Cette technique est également considérée comme un moyen efficace de développer l'intégrité de votre conscience. Elle est similaire à la fixité, mais au niveau émotionel. Bien que nous aimerions croire qu'il suffit d'écrire de « contempler vos émotions jusqu'à ce qu'elles se dissipent dans la conscience », il semble que cette technique requiert davantage de guidance, puisque nous ne sommes pas habitués à ressentir volontairement des émotions douloureuses.

La technique de transmutation émotionnelle ne devrait pas être employée de manière excessive au départ, mais elle est absolument essentielle afin de poursuivre l'entraînement. Elle peut s'avérer très exigeante au début, alors ne la faites qu'une ou deux fois afin d'en connaître les sensations. Plus tard, lorsque vous sentirez le besoin d'explorer votre être émotionnel, vous pourrez refaire cet exercice plus souvent. Vous pouvez même attendre plusieurs années avant de le faire plus régulièrement, ce n'est pas réellement important pour l'instant. Un jour, vous ressentirez le besoin d'utiliser cette technique. Lorsque ce jour arrivera, vous doublerez votre efficacité en matière de perception extra sensorielles et en habiletés surnaturelles.

Lorsqu'un événement dérangeant se produit et que vous souhaitez y remédier, posez d'abord tous les gestes physiques nécessaires afin de corriger la situation. Vous pourrez ensuite travailler au niveau émotionnel afin de revivre l'expérience en totalité en utilisant la conscience pour pénétrer l'expérience et l'absorber. Ainsi, vous pouvez digérer l'expérience et la transformer, vous affranchissant ainsi du besoin de vivre l'expérience encore et encore. C'est ce que certains enseignants appellent la « transmutation du karma » ou « transcender l'expérience humaine ». Je l'appelle Transmuter l'Émotion.

Une émotion n'est pas transmutée en souhaitant volontairement qu'elle parte, ou en tentant de la faire partir. Chaque expérience se produit afin que vous en deveniez conscient; c'est seulement en devenant conscient volontairement de l'expérience dans sa totalité que l'émotion sera transmutée et libérée en tant qu'expérience nouvelle et plus élevée. Nous expérimentons avec les émotions afin que l'âme puisse goûter la vie et que la conscience puisse connaître sa propre existence. Nous ne devons pas fuir ou tenter d'éviter les émotions difficiles ou douloureuses, mais nous ne devons pas intentionnellement provoquer la douleur non plus. Ce processus ne peut avoir lieu si vous écoutez votre voix intérieure qui crie haut et fort sa douleur et sa peur. Vous devrez vous montrer courageux et aller au-delà de vos peurs; ayez la foi, lâchez prise et ne tentez pas de contrôler la douleur émotive, devenez simplement conscient de l'émotion sans vous y investir davantage (ne brisez rien, ne blessez personne, vous inclus).

La technique de transmutation

Commencez la technique de transmutation en choisissant un événement récent qui vous a fait ressentir de la culpabilité ou encore un événement où vous vous êtes senti rejeté. Vous pouvez choisir n'importe lequel de vos souvenirs, qu'il soit récent ou non, tant et aussi longtemps qu'il s'agit d'un souvenir d'une expérience vous ayant fait fortement souffrir d'une manière ou d'une autre (du moins pas pour l'instant). Commencez avec cette situation douloureuse, tout de même supportable, afin que vous puissiez faire le travail émotif tout en demeurant capable de suivre ces trois étapes simples. Souvenez-vous que vous n'avez qu'à comprendre et mettre en pratique ces étapes afin de les maîtriser.

La première étape (le contact intérieur): Rafraîchissez-vous la mémoire de l'émotion ainsi que de la situation qui y est rattachée. Prenez une profonde respiration et ressentez l'émotion au maximum, sans limite. Elle se trouve dans votre ventre, en vous, et vous pouvez la ressentir de plus en plus. N'amplifiez pas cette émotion au moyen de votre attitude habituelle de victime, plutôt, écoutez-la, ressentez peu importe ce qu'elle fait remonter à la surface pour vous, goûtez sa saveur, acceptez-en la forme ainsi que la manière dont elle se définie (même si cette définition est différente de celle que vous aviez de la situation en question), contemplez-la, gardez-la en vous. Soyez en paix et revivez l'émotion le temps de quelques respirations, jusqu'à une minute complète. Soyez en paix. Plus tard au cours de vos entraînements, vous pourrez expérimenter ceci avec des émotions plus fortes encore. Pour l'instant, appréciez la paix et la contemplation paisible du changement positif que vous venez d'opérer.

Parfois, vous ressentirez peut-être le besoin d'extérioriser une émotion afin de libérer un peu de pression interne qui semble s'accumuler. Lorsque ceci se produit (vous ne devriez pas faire cela trop fréquemment), libérez simplement ce que vous croyez qui doit l'être, mais ne perdez jamais le contrôle de l'expérience. Lorsque vous commencez à apprendre ces techniques, il est trop facile de succomber au besoin de se victimiser et de commencer à dramatiser jusqu'à quel point l'expérience est douloureuse. Souvenez-vous que vous n'êtes qu'au commencement de votre entraînement, que vous devez d'abord apprendre à devenir conscient de ces émotions. Lorsque vous sentez que vous êtes incapable de supporter l'intensité d'une émotion, vous pouvez libérer une certaine quantité de pression, ensuite poursuivez le processus. L'objectif n'est évidemment pas de garder cette émotion prisonnière en vous, ou de la camoufler; il s'agit plutôt d'apprendre à libérer l'émotion de l'emprise que vous avez sur elle. Il est donc parfaitement acceptable de faire ce processus en exprimant naturellement et humainement cette émotion. Gardez simplement le contrôle sur l'expérience sans déraper. Respirez au moyen de votre abdomen pendant tout le processus. Ne respirez pas au moyen du haut de votre tronc. Gardez à l'esprit la situation qui a provoqué l'émotion pendant que vous la ressentez.

La deuxième étape (intégration): Entrez dans l'émotion et suivez-la, peu importe où elle vous mène. Respirez profondément et confortablement. Au fur et à mesure que l'air circule dans votre abdomen, votre tâche en tant qu'être conscient est de pénétrer cette émotion et de la laisser vous absorber. Portez attention à toutes les sensations que provoque cette entrée à l'intérieur de l'émotion, qu'il s'agisse de douleur ou de vide, de froid ou de chaleur, de colère, de tristesse, entrez-y et devenez ce qu'elle est. Ce processus d'intégration requiert une fusion consciente de vous et de l'émotion. Vous allez vous permettre d'être enveloppé dans l'émotion; d'être intégré par elle. Pendant quelques minutes, respirez et acceptez, respirez et devenez, respirez et ressentez. Suivez le chemin sur lequel cette émotion vous conduit, et vous constaterez que le chemin mène souvent à une autre émotion cachée sous la première.

Toutes nos émotions font surface dans notre conscience parce qu'elles sont liées à une expérience humaine. Utilisez votre mental pour suivre ces expériences passées afin de pouvoir vous souvenir de ce qui s'est passé. Vous pouvez traverser quelques événements (en suivant vos émotions), jusqu'à ce que vous parveniez à la première situation de votre vie au cours de laquelle vous avez vécu cette émotion pour la première fois. Restez concentré. Ne sautez pas d'une idée à l'autre; remontez une expérience jusqu'à sa source, suivant un filon à la fois. Pendant que vous permettez à l'émotion d'exister, sans l'éviter ni la rejeter, l'émotion est libérée et l'énergie qui y est associée cesse d'être emprisonnée; l'émotion est vivante de nouveau, émancipée. Lorsque vous cessez de la bloquer et lui permettez d'ÊTRE, votre être conscient peut alors comprendre l'essence profonde de cette émotion.

Alors que vous vous exercez à devenir l'émotion, le sentiment jusqu'alors problématique sera remplacé par une sensation paisible, naturelle, et vous vous comprendrez alors, de façon abstraite, mais claire, votre expérience humaine. Vous êtes ce que vous expérimentez en tant que conscience, en tant qu'esprit, en tant que vie. Ne vous empressez pas pendant cette expérience. Laissez la fusion pénétrante se poursuivre pendant un moment, jusqu'au moment où n'y a plus de douleur associée à l'émotion, mais seulement avec l'expérience de celle-ci. Une respiration consciente vous aidera également à demeurer détendu et à laisser aller l'émotion complètement. Comprenez que l'émotion ne vous quittera pas, elle sera simplement libre de demeurer en vous sans les associations négatives qui y étaient rattachées. Avancez toujours de manière consciente pour dépasser votre peur de la douleur, ne repoussez jamais une émotion. Au moyen de votre mental, consolidez l'expérience en entier, qui est composée de toutes les expériences de votre vie qui y sont rattachées, respirez et soyez conscient avec cette totalité.

L'égo humain possède un système de défense très fort. À maintes reprises, l'émotion n'est pas bloquée par elle-même. Souvent, l'égo humain exerce sur elle un certain contrôle, soit par arrogance, vanité, jalousie et/ou envie, refusant ainsi le droit à l'émotion d'être résolue, tout cela à cause de l'orgueil. Vous devez être en contrôle de cette expérience et accepter de libérer vos émotions du contrôle mental auquel elles sont assujetties. Lâchez simplement prise.

Troisième étape (la libération): Lorsque vous vous sentez totalement saturé de l'émotion sur laquelle vous travaillez, lorsque votre conscience l'a transmutée en une expérience vivante, l'émotion (ainsi que toute l'énergie emprisonnée avec elle) est libérée. Elle n'est cependant pas libérée en dehors de vous, elle vous est simplement disponible à nouveau, et toute la puissance de l'émotion vit à nouveau pour vous. L'énergie lourde, dense ou comprimée qui vous troublait est libérée en ce sens qu'elle est convertie en son essence et dissoute dans votre conscience supérieure. Un sentiment de bien-être bouillonnera en vous et remontera à la surface. Vous vous sentirez peut-être grandement satisfait, ou vous pouvez vivre une grande paix vous envahir, ou encore vous pouvez ressentir la grande joie d'être libre. Respirez et permettez à ce nouveau sentiment heureux vous emplir; encore une fois, relâchez cette émotion positive si vous le désirez.

À la suite de cette transmutation, la chose la plus importante que vous puissiez faire est de contempler la totalité de l'expérience comme étant bienfaisante et heureuse. Même si votre expérience physique humaine ne semble pas avoir changé du tout, votre expérience interne s'est fusionnée à votre conscience. Ne laissez pas votre ego humain vous priver de ce moment. Il est crucial pour vous de vous célébrer, car vous avez goûté à la vie de façon complète et entière.

Conclusion

Plus vous vous observez, plus vous vous contemplez, tous les niveaux, plus vous élargissez l'étendue de votre conscience et plus vous vous purifiez afin d'atteindre les plus hauts niveaux d'intégrité. Afin de vous contempler de manière efficace (ou de façon pure) vous devez observer à partir d'un point de vue unifié plutôt qu'à partir d'un système de croyance compartimenté.

Alors que vous progressez sur le sentier spirituel, vous êtes encouragé à considérer les cinq précepts de vie enseignés par le Bouddha. Au cours de votre vie, faites en sorte de :

- ne pas tuer
- ne pas mentir
- ne pas voler
- ne pas avoir de comportement sexuel innaproprié
- ne pas vous intoxiquer

Tentez par dessus tout de ne pas provoquer de souffrance, mais acceptez-là lorsqu'elle vous arrive. Accepter la souffrance ne signifie pas de la laisser vous accâbler, mais de la laisser vous enseigner qui vous êtes alors que vous faites ce qui est nécessaire pour la soulager.

Jusqu'à maintenant, à travers toutes vos expériences de vie, vous ne souhaitiez qu'être heureux. Vous vous êtes battu, ou vous avez abandonné. Vous avez cru en la comparaison, la compétition et la séparation. Pourtant, vous cherchez à être heureux. Vous avez travaillé durement afin d'ammasser n'importe quel type de richesse matérielle, alors que vous ne désiriez qu'être heureux. Vous vous êtes attaché aux gens et aux choses, espérant éviter la douleur du détachement, parce que tout ce que vous souhaitez réellement est d'être heureux.

À partir de maintenant, puissiez-vous trouver la force de chercher le bonheur simplement pour ce qu'il est réellement, libéré des voiles du conditionnement humain, libéré du poids du désir, et dans une expérience heureuse, puissiez vous découvrir le bonheur, simplement pour ce qu'il est.

Je prie afin que vous trouviez la paix, l'harmonie et le bonheur.

Vénérable Maha Vajra
25 juin 2008

Association de Bouddhisme Quantique

L'association de Bouddhisme Quantique (ABQ) est une organisation simple qui vise à découvrir des solutions scientifiques et spirituelles aux difficultés mondiales modernes. En combinant les points de vue de la physique quantique et de la spiritualité, nous développons de nouvelles façons de penser de façon unifiée. Nous oeuvrons afin de soulager les souffrances du monde.

L'ABQ fut fondée par le Vénérable Maha Vajra (né sous le nom de François Lépine) au début de l'année 2007, avec l'aide du Révérend Tara Baishajye (Dr. Jean-Patrick Mercier).

Bien que notre structure interne puisse sembler similaire à celles adoptées par la communauté religieuse bouddhiste, nous avons adapté les pratiques anciennes à la réalité moderne, où la vérité est souvent cherchée dans un laboratoire au moyen d'observations objectives. Nous collaborons avec des gens de toutes religions et de toutes cultures. Le bouddhisme n'est pas une religion, mais une philosophie. Nous sommes tous égaux et libres.

Vous pouvez visiter notre site web afin d'y consulter nos thèmes de recherche, nos travaux en cours ainsi que notre horaire de conférences. Nous fournissons également un système d'entraînement pour ceux qui souhaitent s'investir d'avantage dans le Bouddhsime Quantique.

www.QuantumBuddhism.org

www.ingramcontent.com/pod-product-compliance
Lightning Source LLC
LaVergne TN
LVHW021543080426
835509LV00019B/2809